Michael Heinen-Anders
Warum die Anthroposophische
Gesellschaft immer mehr
Mitglieder verliert

Herstellung und Verlag: BoD- Books on Demand
Norderstedt

ISBN **9783752851229**

Inhaltsverzeichnis

Ein Hinweis Rudolf Steiners

"Vieles ist - gerade von den führenden Persönlichkeiten - durch den Fanatismus und durch die Engherzigkeiten, die da walteten, dazu beigetragen worden, Leute abzustoßen, deren Mitarbeit wir sehr nötig hätten!

Das ging einfach aus gewissen Dingen hervor, die in der Unumgänglichkeit lagen. Man muß da sehr stark auf Gefühlsmomente hinweisen:

Es war keine Neigung vorhanden, sich mit der Welt auseinanderzusetzen.

Und auseinandersetzen muß man sich mit der Welt, wenn man ihre

Mitarbeit, nicht ihre Gegnerschaft haben will. (...)

Und nachdem die Zahl derjenigen erschöpft ist, die noch in den besseren Zeiten der

Anthroposophischen Gesellschaft sich in diese
hineingefunden haben und diese Persönlichkeiten
in die in Frage kommenden Posten
hineingekommen sind, ist es nicht möglich, daß
wirklich neue Menschen sich hineinfinden.
Gerade wenn man auf solche Systeme stößt, wie
es vorhanden war im «Bund für Dreigliederung»,
dann ist es handgreiflich, daß Persönlichkeiten,
die gute Mitarbeiter werden könnten,wenn sie
auf eine menschliche Weise die Anthroposophie
kennenlernten, sich zunächst einfach - nicht
durch die Anthroposophie, sondern durch die
Behandlung, die sie erfahren- abgestoßen
fühlen."

(Rudolf Steiner, GA 259, Seite 382)

Persönliche Erlebnisse

Leider wird das allgemein-menschliche in der Anthroposophischen Gesellschaft auch mehr als 100 Jahren nach ihrer Begründung 1912/1913 nicht ausreichend gepflegt.[1]

Oft erfolgt die Behandlung neuer Mitglieder sehr unterschiedlich je nach Schichtzugehörigkeit und Einkommenssituation.

Auch in den 80er Jahren des Vergangenen Jahrhunderts – zur Zeit der Kulmination der Anthroposophie vor dem Jahrtausendende – war dies nicht anders. Die Kulmination bestand in dem Sinne, als dass in nahezu jeder Buchhandlung nun, ab 1982 durch eine entsprechende Edition des S. Fischer-Taschenbuchverlages („Perspektiven der Anthroposophie") etliche Buchtitel verdienter

---

[1] Rudolf Steiner: Anthroposophische Gemeinschaftsbildung, GA 257, Dornach 4. Aufl. 1989

anthroposophischer Autoren vorrätig waren, und dazu auch eine 10-bändige Taschenbuchausgabe grundlegender Werke Rudolf Steiners, die es natürlich auch einzeln zu kaufen gab.

Zudem gab es selbst im Fernsehen gewichtige Beiträge von anthroposophischer Seite zu sehen. Ich persönlich erinnere mich beispielsweise noch an einen Bericht über Kaspar Hauser, zu dem der verdiente Kaspar-Hauser-Forscher Peter Tradowsky sehr wesentliche Gesichtspunkte beisteuern konnte – sowie an eine recht offene Debatte über das Leben nach dem Tode im Fernsehen, im Sinne einer Podiumsdiskussion, zu der auch der anthroposophische Mathematiker Prof. Dr. Ernst Schuberth eingeladen war und sehr wesentliche Gesichtspunkte beizusteuern wußte. Anthroposophische Positionen waren damals also gesellschaftlich durchaus anerkannt. Dies zeigte sich auch daran, dass etwa auch Otto Schily, zunächst MdB der Partei „Die Grünen" und später dann MdB der SPD (und schließlich auch bundesdeutscher Innenminister) bei jeder passenden Gelegenheit anthroposophische

Gesichtspunkte in die öffentliche Debatte
einzubringen wußte.[2]

In dem Zweig der Anthroposophischen
Gesellschaft dem ich damals beizutreten
gedachte, waren noch Aufnahmerituale gang und
gäbe – man mußte sich von einem älteren,
besonders verdienten Mitglied persönlich
hinsichtlich seines Vorwissens über
Anthroposophie prüfen lassen – die für mich zur
damaligen Zeit unzumutbar waren. Ich fühlte
mich als Mensch, den es zur Anthroposophie
hinzieht davon abgestoßen. Somit verzichtete ich
damals auf diese mir zugedachte „Prüfung" und
blieb der Anthroposophischen Gesellschaft
zunächst einmal fern.

Da ich damals noch ein geringverdienender
Buchhändler war, wurde mir auch keine andere

---

[2] Vgl. z.B. Otto Schily: Vom Zustand der Republik, Berlin 1986 und
Otto Schily: Flora, Fauna und Finanzen. Über die Wechselbeziehung
von Natur und Geld, Frankfurt a.M. 1996 sowie Otto Schily:
Nachwort. In: Rudolf Steiner: Die Kernpunkte der sozialen Frage,
Dornach 1996

Behandlung zuteil, was ja immerhin möglich gewesen wäre.

Erst als ich nach meiner persönlichen Bildungsrevolution (über den zweiten Bildungsweg), nicht nur das Abitur, sondern auch einen Universitätsabschluß erlangt hatte, änderte sich in den 90er-Jahren die Behandlung meiner Person anläßlich eines erneuten Aufnahmewunsches - von meiner Seite ausserordentlich und merklich. Gewiß, auch meine ökonomische Einnahmesituation war weitaus besser, als noch in den 80er-Jahren. Somit fanden sich denn auch rasch zwei verdiente Mitglieder des Kölner Zweiges ein, bereit die notwendige Bürgschaft für mich (das war in den 90er-Jahren gängige Praxis in der AAG) zu übernehmen, immerhin war ich ja nun Akademiker. Und einen Akademiker lehnte man nicht ab, sondern den lud man ein Mitglied der Allgemeinen Anthroposophischen Gesellschaft (AAG) zu werden.

Wenn ich einmal zurückdenke, wie meine Ex-Frau von der AAG Ende der 80er-Jahre empfangen wurde, so war dies gleich mehrfach äußerst unglücklich. Sie traf einmal auf einen anthroposophischen Redner, der angesichts einer überaus kritischen Frage zum „Rassismus-Vorwurf", seitens eines studentischen Nichtmitglieds, anläßlich einer öffentlichen Veranstaltung des Kölner Zweiges der AAG in den Räumlichkeiten der Universität zu Köln, in einem überaus cholerischen Wutausbruch, geradezu „ausser sich geriet". Zudem wurde sie als mitverdienende Ehefrau, angesichts einer später von ihr besuchten Waldorf-Einführungsveranstaltung, im Rahmen der damals noch vorherrschenden „Hausmütter"-Ideologie[3], sehr von oben herab behandelt. Kein Wunder, dass sie sich in „anthroposophischen Zusammenhängen" nie so ganz heimisch fühlen konnte. Im Ergebnis besuchten unsere gemeinsamen Kinder dann nicht die Waldorfschule, sondern die Peter-Petersen-Schule in Köln. Und auch mein Versuch, nach

---

[3] Vgl. z.B. Manfred Schmidt-Brabant: Spirituelle Grundlagen einer menschengemässen Hausmütter-Arbeit, Dornach 1993

14

unserem Umzug nach Troisdorf, die beiden Töchter in der nahegelegenen Waldorfschule in St. Augustin anzumelden, schlug fehl. Statt einer Zusage erhielten wir lediglich eine Vertröstung: die vage Hoffnung auf die „Warteliste" für einen Schulplatz gesetzt zu werden. Um es also vorweg zu nehmen: meine Kinder besuchten daraufhin das örtliche Troisdorfer Gymnasium bis zum Abitur. Der Waldorfimpuls war also komplett an ihnen vorbei gegangen.

Um aber weiter zum Thema beizutragen. In den 90er-Jahren geriet ich in eine Phase der Arbeitslosigkeit. Ich setzte daraufhin – im Rahmen einer einjährigen Bildungsmaßnahme – meine Hoffnungen auf den Kölner „anthroposophischen" Verein Maßstab e.V. und absolvierte dort ein viermonatliches „Management-Praktikum" zur Errichtung einer Schuldnerberatungsstelle im Maßstab e.V., in der Hoffnung, dies könnte mir in diesem vorgeblich „anthroposophischen" Verein wieder eine Jobperspektive verschaffen. Doch ich mußte feststellen, daß dort in diesem Verein, ein nichtanthroposphischer Geschäftsführer den Ton angab. Lediglich vier Mitarbeiter auf untergeordneter Ebene waren echte Anthroposophen. Dagegen half auch nicht die Tatsache, dass mit Herrn Rechtsanwalt Weische ein echter Anthroposoph den Vereinsvorsitz innehatte. Das operative Geschäft unterlag voll und ganz dem nicht-anthroposophischen Geschäftsführer, der lediglich an sehr prosperierenden Geschäftszweigen Interesse hatte. Somit wurde die Aufgabe der Schuldnerberatung ins „ehrenamtliche Feld" verschoben und mein Interesse am Aufbau einer echten Schuldnerberatung dort war leider vergebens.

Auch bei weiteren Bewerbungen im anthroposophischen Spektrum mußte ich feststellen, dass die originäre Anthroposophie eigentlich oft bedeutungslos war für zahlreiche Einrichtungen mit anthroposophischem

Anstrich.[4] Und eine gegenseitige berufliche Förderung der Anthroposophen im Kölner Zweig fand mit einer Ausnahme – in Gestalt von Herrn Guhl, dem damaligen Kassenwart des Zweiges – auf örtlicher Ebene denn auch so gut wie nicht statt.

---

[4] „Ich bin in keinem anderen Tätigkeits- und Lebensbereich auf so viel "Anti-Sozialität" gestoßen, wie in Gruppierungen sogenannter Anthroposophischer *Unternehmen und Unternehmungen. (* Im Rückblick würde ich sie heute als Schlangengruben bezeichnen.)", aus einer E-Mail einer befreundeten Anthroposophin.

Der schleichende Prozess der „Entsteinerung"

Was mir persönlich schon in den 80er Jahren teils begegnete, spätestens ab den 90er Jahren lag das dann „voll im Trend", waren Verunglimpfungen Rudolf Steiners in der anthroposophischen Presse – und natürlich auch im akademischen Bereich. Vorrangig ging es dabei um einen unbewiesenen Rassismus[5] in Rudolf Steiners Werk, und hinzu kamen denn auch Behauptungen eines zusätzlichen vorgeblichen Antisemitismus[6] in Rudolf Steiners Werk, doch auch dieses war bei genauer Erforschung der herangezogenen Textstellen nicht wirklich nachweisbar.

---

[5] https://anthrowiki.at/Anthroposophie-Kritik#Rassismusvorwurf
[6] https://anthrowiki.at/Anthroposophie-Kritik#Antisemitismus-Vorwurf

Zugleich gab es kurz vor oder nach der Jahrtausendwende im Vorstand der AAG neu kooptierte Mitglieder – etwa Paul Mackay und etwas später auch Bodo von Plato, die meinten, sich vom Werk Rudolf Steiners emanzipieren zu müssen, um nicht in dem Strudel von Rassismus- und Antisemitismus-Vorwürfen untergehen zu müssen. Diese Distanzierung von Rudolf Steiner nahm immer größere Ausmaße an. Waren es zunächst nur einzelne Vortragsstellen im Werk Rudolf Steiners, die man der Menschheit nun am liebsten vorenthalten hätte, so betraf es bald Rudolf Steiners Werk als Ganzes.

Man scheute sich nicht einen reichlich unterbelichteten Professor einer Mormonen-Universität (Christian Clement) im Rahmen seiner historisch-kritischen Aufarbeitung[7] des Werks Rudolf Steiners zu unterstützen, nachdem man zuvor bereits den katholischen Prof. Dr. Helmut Zander[8] in seinem Bestreben Rudolf Steiners Werk zu dekonstruieren unterstützt und

---

[7] https://anthrowiki.at/Rudolf_Steiner._Schriften._Kritische_Ausgabe_(SKA)

[8] https://anthrowiki.at/Helmut_Zander

gefördert hatte. Vorweg war es das Boulevardblatt der Anthroposophen („INFO 3"), welches immer neue Skandale um den Begründer der Anthroposophie auszugraben verstand, und es dabei nicht einmal vermeiden wollte Rudolf Steiner wahlweise als „schwul"[9] (durch Jens R. Prochnow), als „Lebemann"[10] (durch Felix Hau) oder gar als „schizophren"[11] (durch Ansgar Martins im Verein mit Felix Hau) kennzeichnen zu wollen, um mehr Medienresonanz (sprich eine höhere Auflage!) im Wettbewerb mit anderen zeitgeistverneinenden Blättern, erzielen zu können.

In diesem Zuge wurde ein neuer „Zeitgeist" gefördert, der mit Michaels Impulsen, also dem eigentlichen Zeitgeist im anthroposophischen Sinne rein gar nichts mehr zu tun hatte, um Hohn und Spott über Rudolf Steiner und sein Werk ergießen zu können, um sich später um so

---

[9] Vgl. Jens R. Prochnow: „Wie schwul war Steiner?" in Info3, Nr. 6/2002, S. 48-49
[10] Vgl. http://archive.is/JBvIE (Felix Hau: EINGEWEIHTER, LEBEMANN, PRIESTER - Rudolf Steiner integral)
[11] Vgl. http://www.endstation-dornach.de/dornach-reportage/

leichter von diesem Werk verabschieden zu
können. Dazu passte es gut, dass nun auch im 2.
Goetheanumbau fast jeder Hinweis auf Rudolf
Steiner ausgemerzt wurde[12], während der
„Menschheitsrepräsentant Christus zwischen
Luzifer und Ahriman"[13] (die durch Edith Maryon
und Rudolf Steiner höchstselbst geschaffene
Holzbüste), welche glücklicherweise den Brand
des 1. Goetheanumbaus unbeschädigt
überstanden hatte, in ein Dachkämmerlein
verbannt wurde, welches nur Samstags und
Sonntags noch zur Besichtigung freigegeben
wurde. Dass gemäß Rudolf Steiners Intention,
diese Holzskulptur ursprünglich im Mittelpunkt
des Goetheanums (nämlich auf der Bühne im
großen Saal) platziert werden sollte, das fiel, wie
schon manches andere, schlicht unter den Tisch.

Dass angesichts dieser Tendenzen in dem Verein
„AAG", mit seinem „geistigen" Zentrum in

---

[12] Vgl. Willy Lochmann: Graubuch Anthroposophische Gesellschaft.
Wie stehen die Anthroposophische Gesellschaft und ihre
Repräsentanten zu Rudolf Steiner und zu seiner Anthroposophie?,
Basel 2013
[13] Vgl. Judith von Halle/John Wilkes: Die Holzplastik des
Goetheanum - <<Der Menschheitsrepräsentant zwischen Luzifer und
Ahriman>>, Dornach 2008

Dornach – auch nach aussen sichtbar[14] - nur noch Hader, Zwist und offener Streit „zwischen den Mitgliedern" existierten, dass bewog – nach und nach – immer mehr Mitglieder „das Weite zu suchen", sprich aus dem vereinsartigen Korpus der Anthroposophen, auszutreten. Waren noch um die Jahrtausendwende etwa 50.000 Menschen Mitglied der AAG, so waren es schon wenige Jahre später nur noch ca. 45.000 (mit ständig fallender Tendenz)[15].

---

[14] „Daskalos machte mich (Günther Zwahlen) auch darauf aufmerksam, wie Streit eine esoterische Bewegung "vergiftet" (sein Wort!) und lähmt. Auf eine entsprechende Bemerkung darauf von mir erwiderte er: "Auch wenn in der Anthroposophischen Gesellschaft viel gestritten wird (was er als sehr schlimm bezeichnete), die Anthroposophie selbst ist in Ordnung." http://www.inne-sein.de/Seiten/Leute/Daskalos.htm
[15] https://anthrowiki.at/Anzahl_der_Anthroposophen_weltweit

Ende oder Wende?

Kommt man heute nach Dornach ins Goetheanum, so wird man am „Empfang" umgeben von dem „Charme einer Flughafenabflughalle", so steril und unterkühlt ist die Begegnung der ratsuchenden Mitglieder mit dem angestellten Personal dort zuweilen.

Angesichts dessen stellt sich nun nur noch die Frage in welche Richtung das offizielle Goetheanum derzeit abzuheben gedenkt.

Von einem „Fünckchen Hoffnung" kann man nach folgendem Vorgang vielleicht wieder reden:

Seit 2011 gilt für den Vorstand der AAG folgendes Prozedere zur Wiederwahl nach 7 Jahren Amtszeit (nachdem davor die Vorstandsämter lebenslang verliehen waren): Im Rahmen einer Zäsur muß sich das jeweilige

Vorstandsmitglied einer Wahl (Bestätigung) oder Abwahl durch die versammelten Mitglieder im Rahmen einer Mitgliedsversammlung stellen. Als erste davon betroffene Vorstandsmitglieder wurden Bodo von Plato und Paul Mackay am 24.03.2018 durch die Mitglieder von ihrem Vorstandsamt abgewählt[16]. Dieser Akt der „Selbstverteidigung" der dort anwesenden Mitglieder kommt aber möglicherweise zu spät. Doch manche Auguren pflegen angesichts dieses „Selbstreinigungsaktes" die Hoffnung, es mögen zukünftig wieder „bessere Zeiten" auf die organisierte Anthroposophenschaft zukommen. Ob dieser Traum nun Wirklichkeit wird, das bleibt allerdings abzuwarten.

«Immer wieder hat die Anthroposophische Gesellschaft vor Schicksalsentscheidungen und vor Wendepunkten ihres Werdens gestanden» (Marie Steiner, in: Rudolf Steiner, GA 259, S. 9).

Es gibt daher auch eine gewisse Hoffnung, dass eine heilsame Selbstreinigung eintreten möge.

---

[16] http://www.themen-der-zeit.de/content/Neues_aus_dem_Goetheanum.2152.0.html

Was immer noch sehr lebendig ist, dass ist der
künstlerische Impuls in der Anthroposophie.
Würde daran wieder angeknüpft, wie das den
Begründern der Initiative „Trigon" vorschwebt,
so könnte sich aus der augenblicklichen Krise
auch wieder zukünftiges ergeben, denn die Kunst
vermag auch das heilsam zu verwandeln, was
sich unheilvoll in der Vergangenheit ausgewirkt
hat.[17]

Es gilt eben das wieder aufzubauen, was in der
jüngeren Vergangenheit mutwillig eingerissen
worden ist.

---

[17] Vgl. John C. Ermel: Warum eine Zäsur notwendig war. In: Ein
Nachrichtenblatt PLUS, Nr. V vom 22. April 2018, S. 1 - 3

Autobiographische Notiz:

Michael Heinen-Anders wurde am 25.02.1960 in Köln geboren. Er studierte an der Bergischen Universität Wuppertal Wirtschafts- und Sozialwissenschaften.
1989 schloss er das Studium als Diplom-Ökonom ab.
Michael Heinen-Anders trat 1994 der Anthroposophischen Gesellschaft, Zweig Köln, bei.
Seit 2011 ist er gleichfalls Mitglied der Freien Hochschule für Geisteswissenschaft.
Er veröffentlichte zahlreiche literarische, essayistische und wissenschaftliche Schriften, darunter „Aus anthroposophischen Zusammenhängen", BOD, Norderstedt 2010 und „Aus anthroposophischen Zusammenhängen Band II", BOD, Norderstedt 2017.
Michael Heinen-Anders lebt in Köln, ist geschieden und hat zwei erwachsene Töchter.